사이언스 리더스

공포의 바다 사냥꾼
상어

앤 슈라이버 지음 | 송지혜 옮김

 비룡소

앤 슈라이버 지음 | 초등학교 교사로 일하다가 어린이 콘텐츠 기획자이자 작가로 20년 넘게 활동하고 있다. 「신기한 스쿨버스」 시리즈를 TV 애니메이션으로 개발하였고, 그 밖에 다수의 어린이 콘텐츠 개발에 참여하였다.

송지혜 옮김 | 부산대학교에서 분자생물학을 전공하고, 고려대학교 대학원에서 과학언론학으로 석사 학위를 받았다. 현재 어린이를 위한 과학책을 쓰고 옮기고 있다.

내셔널지오그래픽 키즈 사이언스 리더스
LEVEL 2 공포의 바다 사냥꾼 상어

1판 1쇄 찍음 2025년 10월 20일 1판 1쇄 펴냄 2025년 11월 14일
지은이 앤 슈라이버 옮긴이 송지혜 펴낸이 박상희 편집장 전지선 편집 임현희 디자인 이슬기
펴낸곳 (주)비룡소 출판등록 1994.3.17.(제16-849호) 주소 06027 서울시 강남구 도산대로1길 62 강남출판문화센터 4층
전화 02)515-2000 팩스 02)515-2007 홈페이지 www.bir.co.kr 제품명 어린이용 반양장 도서 제조자명 (주)비룡소
제조국명 대한민국 사용연령 3세 이상
ISBN 978-89-491-6944-6 74400 / ISBN 978-89-491-6900-2 74400 (세트)

NATIONAL GEOGRAPHIC KIDS READERS LEVEL 2
SHARKS! by Anne Schreiber
Copyright © 2008 National Geographic Partners, LLC.
Korean Edition Copyright © 2025 National Geographic Partners, LLC.
All rights reserved.
NATIONAL GEOGRAPHIC and Yellow Border Design are trademarks of
the National Geographic Society, used under license.

사진 저작권 Cover: © Tim Davis/CORBIS; Title Page: © Jeffrey L. Rotman/Getty Images; 2-3: © Gary Bell/
OceanwideImages.com; 4-5: © David Fleetham/Mira/drr.net; 6(inset), 18(bottom, right), 32(top, left): © Mark Conlin/V&W/Image Quest Marine; 7(inset), 18(middle), 19(top), 32(bottom, left): © Bob Cranston/
SeaPics.com; 8-9, 18(top), 18(bottom, left): © Doug Perrine/SeaPics.com; 10: © Niall Benvie/Nature Picture Library; 12-
13, 32(top, right): © Masa Ushioda/SeaPics.com; 14-15: © Kike Calvo/V&W/Image Quest Marine; 16-
17, 19(bottom), 32(center, right): © Jeff Rotman/SeaPics.com; 20-21: © David Doubilet/National Geographic Image
Collection; 22(top): © James D. Watt/SeaPics.com; 22(bottom): © Smithsonian institution/Public Domain; 22-23 (ribbon
illustration): © Photodisc/Getty Images; 23 (both): © C&M Fallows/SeaPics.com; 24-25: © Espen Rekdal/SeaPics.com;
26-27: © Gary Bell/SeaPics.com; 28: © Steve Robertson/ASP/Covered Images/Getty Images; 29: © Noah Hamilton
Photography; 30-31, 32(bottom, right): © David D. Fleetham/SeaPics.com.

이 책의 차례

깜짝 동물 퀴즈! 4

새끼 상어가 세상에 나오려면? 8

타고난 사냥 실력! 12

계속 돋아나는 무시무시한 이빨 16

거대한 상어를 만난다면? 20

최고의 상어를 찾아라! 22

빛나는 몸! 잘 보이는 상어 24

어디에 있지? 잘 안 보이는 상어 26

상어의 공격! 28

사람의 공격? 30

이 용어는 꼭 기억해! 32

깜짝 동물 퀴즈!

이 동물은 빠르게 헤엄쳐.

아주 조용하게 움직이지.

이빨은 여러 줄로 촘촘하게 나 있어.

물속을 미끄러지듯 돌아다녀.

와그작! 바로 상어야!

상어는 전 세계 바다 곳곳에 살아.

머나먼 옛날부터 지구에 살았지.

상어가 공룡보다 먼저 지구에 살고 있었어.

가슴지느러미가 길고 넓적한
장완흉상어

상어 용어 풀이

연골: 몸을 떠받치는 물렁물렁한 뼈. 사람의 코끝이나 귀도 이걸로 되어 있어.

사포: 고운 유리 가루나 돌가루를 바른 거칠거칠한 천 또는 종이.

귀상어의 커다란 꼬리지느러미

상어는 대부분 꼬리지느러미의 윗부분이 훨씬 길어. 힘센 위쪽 꼬리지느러미로 물을 저으면 물속에 가라앉지 않고 편히 헤엄칠 수 있어.

상어는 물고기야. 하지만 다른 물고기와 달라. 딱딱한 뼈가 없거든. 대신 온몸이 말랑말랑한 **연골**로 이루어져 있지. 덕분에 상어는 몸을 잘 비틀어서 방향을 재빨리 바꿀 수 있어. 또 연골은 몸을 부드럽게 움직이고 구부릴 수 있게 해 줘.

이빨이 빠지면 뒷줄의
새 이빨이 앞으로
나와서 그 자리를
채워 줘.

상어의 피부는 오돌토돌하고 사포처럼 거칠어.
이 피부는 상어를 다치지 않게 지켜 줘.
또 물살을 쉽게 갈라서 빠르게 헤엄치도록
도와주지.

새끼 상어가
세상에 나오려면?

상어는 종류에 따라 다른 방법으로 세상에
나와. 어떤 상어는 어미의 몸속에서 태어나.
어떤 상어는 알에서 나오지.

레몬상어 어미

레몬상어 새끼는 어미 뱃속에서 자라.
어미는 얕은 물로 가서 새끼를 낳지.
새끼들은 다 자랄 때까지 얕은 물가에서
지낸단다.

이 물고기들은 빨판상어라고 해.
다른 상어를 따라다니면서 먹이
찌꺼기를 받아먹고 살아.

레몬상어 새끼

알상자: 상어나 가오리 같은 바다 동물의 알을 감싸고 있는 두껍고 질긴 껍질.

상어 알을 보호해 주는 알상자

복상어 새끼는 알에서 나와. 상어의 알은
알상자라고 하는 튼튼한 껍질에 싸여 있어.
사람들은 알상자가 꼭 주머니처럼 생겼다며
'인어의 지갑'이라고 부르기도 해.

새끼가 알상자에서 빠져나오고 있어.

복상어 새끼

복상어 어미는 한 번에 알을 많게는 다섯
개까지 낳아. 약 아홉 달이 지나면 새끼가
알상자 밖으로 나오지.

타고난 사냥 실력!

입 주변에 수염처럼 난
돌기로 바닥을 더듬어 먹이를
찾는 대서양수염상어

상어 용어 풀이

포식자: 다른 동물을 사냥해서 잡아먹는 동물.

사냥감: 포식자가 사냥하여 잡아먹으려는 먹이.

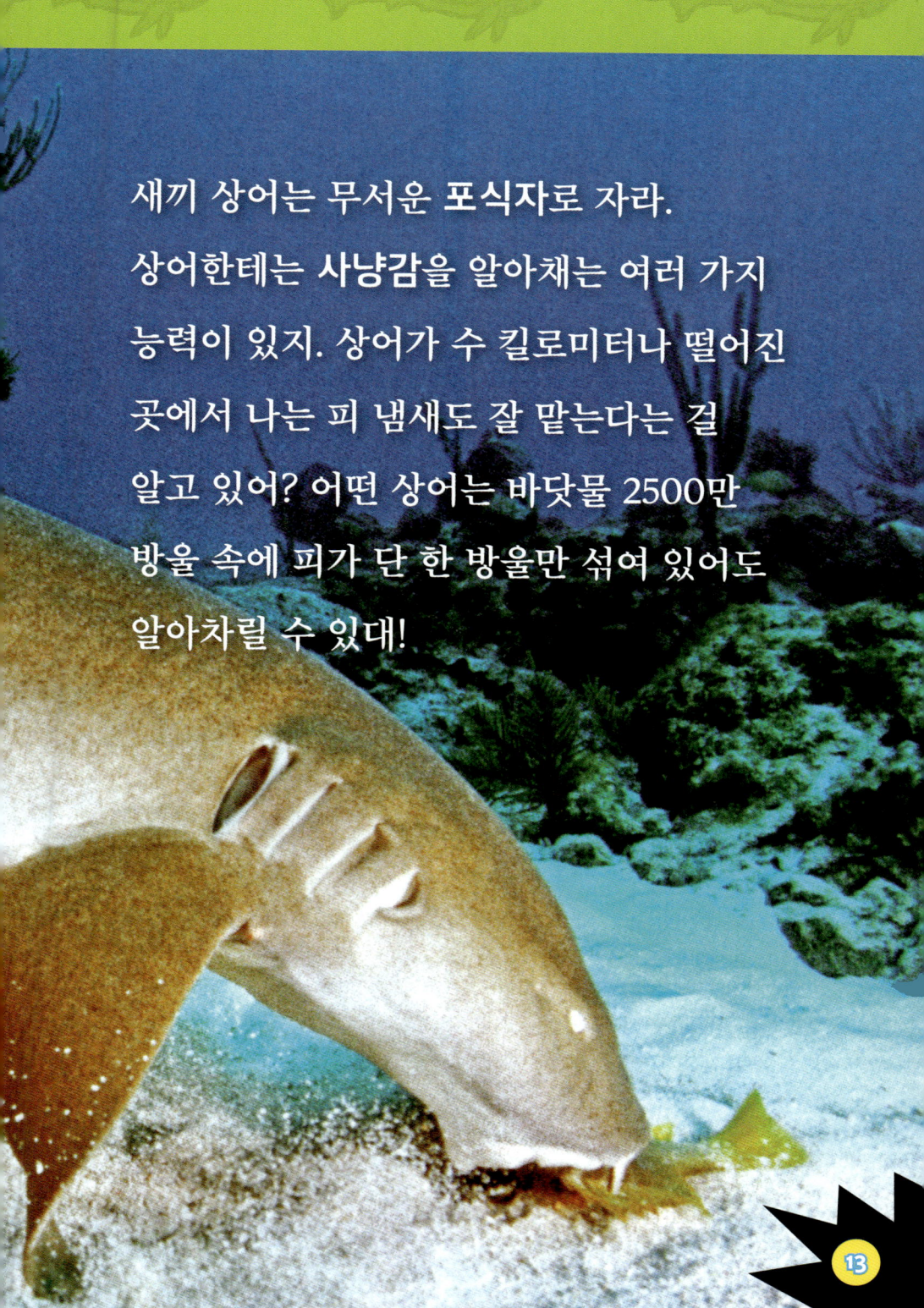

새끼 상어는 무서운 **포식자**로 자라. 상어한테는 **사냥감**을 알아채는 여러 가지 능력이 있지. 상어가 수 킬로미터나 떨어진 곳에서 나는 피 냄새도 잘 맡는다는 걸 알고 있어? 어떤 상어는 바닷물 2500만 방울 속에 피가 단 한 방울만 섞여 있어도 알아차릴 수 있대!

또 상어는 물속에서 사람보다 잘 볼 수 있어.
깊고 어두운 바닷속에서도 먹잇감을 척척
찾아내지.

이뿐이게? 상어는 사냥감을 먹기 전에 한번
물어 보는 **습성**이 있어. 먹어도 되는지 안
되는지, **미각**으로 먹이의 지방을 느껴서
가려내는 거야.

상어 용어 풀이

습성: 같은 동물 종류에서 비슷하게
나타나는 생활 방식이나 행동 방식.

미각: 맛을 느끼는 감각.

바다 최고의 포식자
백상아리

계속 돋아나는 무시무시한 이빨

모래뱀상어의 줄지어 난 이빨

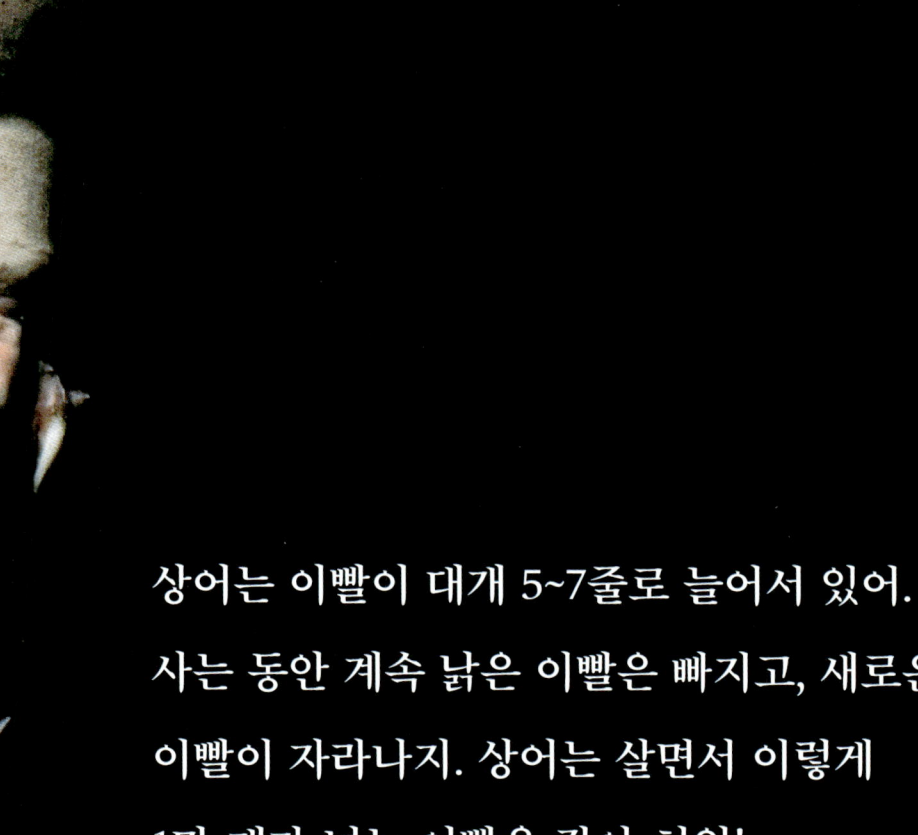

상어는 이빨이 대개 5~7줄로 늘어서 있어.
사는 동안 계속 낡은 이빨은 빠지고, 새로운
이빨이 자라나지. 상어는 살면서 이렇게
1만 개가 넘는 이빨을 갈아 치워!

종류가 다른 상어는 이빨 모양도 달라.
이빨이 자기 먹이에 딱 맞게 생겼거든.

길고 뾰족한
이빨은 사냥감을 확
잡아채기에 알맞아.

납작한 이빨은 먹이를
부수고 으깨기 좋지.

톱날같이 생긴 이빨은
살점을 찢어 먹기에
딱이야.

상어 용어 풀이

톱날: 톱 가장자리의 뾰족뾰족 날이 선 부분.

메갈로돈의 이빨

우아, **선사 시대** 상어의 커다란 이빨 **화석** 좀 봐. 높이가 15센티미터도 넘는대!

메갈로돈의 입 모형

메갈로돈은 선사 시대에 살던 상어야. 과학자들은 실제 크기인 메갈로돈의 턱에 이빨 화석을 끼워 넣어 입 모형을 만들었어. 이것만 봐도 큰 몸집을 상상할 수 있겠지?

거대한 상어를 만난다면?

커다란 상어가 물속을 미끄러지듯 헤엄쳐.

그 옆에서 잠수부가 수영하고 있네.

상어가 잠수부에게로 점점 다가가.

점점 더 가까워지고 있어!

눈앞까지 다가온 상어는 정말 거대해!

상어는 마침내 입을 쩌어억 벌리더니…

흰 점무늬가 독특한
고래상어

… 흐으읍, 물을 입안 가득 빨아들였어.

휴, 다행히 잠수부는 무사해.

이건 바로 고래상어야. 상어 가운데 덩치가

가장 크지. 하지만 이빨은 아주아주 작아.

주로 플랑크톤, 크릴새우처럼 작은 동물들을

잡아먹고 산단다.

최고의 상어를 찾아라!

지구에는 상어 500여 종이 살고 있어.

이 상어들과 함께 특별한 대회를 열어 볼까?

머리가 넓적한 망치 모양이야. 이 머리로 사냥감을 바닥에 꾹 눌러 꼼짝 못 하게 만들어.

가장 희한한 생김새
귀상어

다 자란 몸길이가 겨우 15센티미터 정도밖에 되지 않아. 한 손에 쏙 들어오지.

가장 작은 몸집
난쟁이랜턴상어

1등

사냥감을 꽉 물 때
눈알이 머리 안쪽으로
홱 돌아가. 눈이 다치지
않게 보호하는 거야.

가장 오싹한 사냥꾼
백상아리

1등

한 시간에 70킬로미터를
이동할 수 있어.
점프도 무지 잘해.
물 밖으로 풀쩍 뛰어올라
먹이를 잡기도 한다니까!

상어 스피드왕
청상아리

빛나는 몸!
잘 보이는 상어

몸에서 빛을 내뿜는
랜턴상어

어떤 상어는 어둠 속에서 몸에 빛이 나!

바닷속에서 반짝거리는 무언가를 보았다고?

그건 몸에서 빛을 만들어 낼 수 있는

랜턴상어였을지도 몰라.

상어 용어풀이

심해: 햇빛이 닿지 않을 만큼 깊은 바다.

랜턴상어는 깊은 바닷속에 사는 **심해** 상어야. 심해에 사는 많은 동물이 스스로 빛을 내뿜지. 과학자들은 이 빛이 사냥감을 꾀어내는 데 도움이 될 거래.

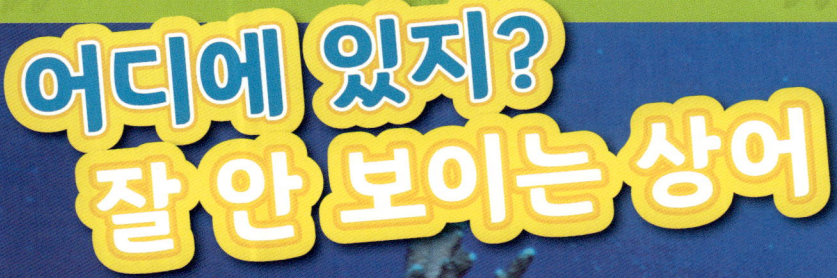

어디에 있지? 잘 안 보이는 상어

상어는 대부분 눈에 잘 띄지 않아. 상어의 등은 어두운색이라, 위에서 보면 바다색과 비슷해서 구별이 잘 되지 않지. 아래에서 올려다봐도 마찬가지야. 상어 배는 보통 하얀색인데, 바닷속에서 위를 보면 햇빛 때문에 물이 하얗게 보여서 배의 색과 구별하기 어려워.

모래 바닥처럼 보이는
수염상어

어떤 상어는 특별한 방법으로 몸을 숨겨.
수염상어의 몸은 바다 밑바닥과 비슷한
색이야. 또 입에는 **해초**처럼 생긴 돌기가
달려 있지. 물고기들이 다가갔다가는 영영
빠져나오지 못해!

상어 용어 풀이

해초: 바다에서 자라는 식물.

상어의 공격!

"변하지 않은 게 하나
있다면, 바로 파도를
탈 때 느끼는
기분이에요."

베서니 해밀턴

어느 날 베서니 해밀턴은 서핑을
하러 갔어. 그런데 갑자기
뱀상어가 나타나 베서니를
공격했어! 상어는 서핑 보드를
크게 한 입 베어 물고, 베서니의
왼팔도 물어뜯어 버렸지.

그럼에도 불구하고
베서니는 계속 서핑을
하고 싶어 했어. 바다가
두렵지 않았지. 베서니는
상어가 사람을 공격하는
일은 아주 드물다는 걸
잘 알고 있었거든.

사람의 공격?

상어의 공격은 정말 무섭고 끔찍해!
무시무시한 상어는 사람에게 위험할
수 있어. 하지만 사람이 상어를 훨씬 큰
위험에 빠트려. 해마다 상어 수백만 마리가
다른 물고기를 잡으려고 쳐 놓은 그물에
걸려 목숨을 잃어. 또 사람들은 상어를
사냥하기도 하지.

상어 가운데 많은 종류가 **멸종** 위험에
놓여 있어. 상어는 수억 년 동안 지구에서
살아왔는데 말이야. 사람은 상어와 함께
바다를 나누며 살아가는 방법을 배워야 해.

상어 용어 풀이

멸종: 어떤 동물이나 식물이
지구에서 완전히 사라지는 것.

멸종 위기에 처한 산호상어

연골
몸을 떠받치는 물렁물렁한 뼈.

포식자
다른 동물을 사냥해서 잡아먹는 동물.

이 용어는
꼭 기억해!

사냥감
포식자가 사냥하여 잡아먹으려는 먹이.

선사 시대
먼 옛날 문자로 역사를 기록하기 이전의
시대.

화석
먼 옛날 동식물의 흔적이 땅속에 묻혀
그대로 남아 있는 것.

멸종
어떤 동물이나 식물이 지구에서 완전히
사라지는 것.